LA SOLUTION
LINGUISTIQUE

LA SOLUTION LINGUISTIQUE

Henry Walosik

To order additional copies of this book, contact:
Xlibris LLC
1-888-795-4274
www.Xlibris.com
Orders@Xlibris.com
141102

Contents

PROLOGUE

L'auteur de ce livre est le fils, né en Allemagne, d'immigrants Polonais qui ont choisi de s`établir au Canada pour améliorer leur quotidien et celui de leurs enfants suite à la deuxième guerre mondiale quand ils sont devenus réfugiés en Allemagne. Il a grandi dans la région du Nord-Ouest du Québec parlant seulement la langue Polonaise jusqu'à l'âge de cinq ans.

A l'âge de cinq ans, il fut intégré à l'école anglaise et apparemment était très craintif la premier journée dû au fait qu'il ne conversait qu'en Polonais. La journée subséquente s'est déroulée pas mal mieux et il était en route pour apprendre l'anglais. La langue française faisait partie du curriculum et progressivement il apprit un bon Français.

Quand il se maria dans une famille de langue française, lui et sa femme étaient déterminés à élever les enfants qu'ils auraient en anglais et en français. Le couple ont trois garçons couramment bilingue et six petits-enfants également bilingues. Et ce ne sera pas la fin car les petits-enfants vont continuer la tradition sans difficulté et d'une génération à l'autre, le nombre de personnes bilingues grandira.

L'auteur a écrit ce livre pour montrer au public en général que devenir une personne bilingue n'est pas une grosse affaire. Si le public en général pouvait obtenir suffisamment de support pour cet effort, tous les canadiens seraient bénéficiaires de stabilité et paix d'esprit. Son opinion est que c'est la meilleure route à prendre pour tuer l'idée de séparation qui, si obtenue, ne garantie absolument rien de concret. Il croit que le Canada n'a pas encore atteint son paroxysme et une atmosphère forte et harmonieuse pourrait le propulser vers les pays les plus enviés de ce monde moderne.

N'oublions pas que la nature humaine est de s'aider les uns les autres et voici un défi que les Canadiens devraient prendre pour montrer au monde leur résolution. Il n'y aura pas seulement un gagnant mais des millions quand le pays deviendra de plus en plus bilingue. L'on penserait qu'un politicien aurait déjà pensé à cette solution, mais le langage est souvent un sujet délicat. Même si c'est difficile à vendre au début, les politiciens doivent mettre leur agenda personnel de côté et diriger leur énergie à réaliser ce rêve.

Go Canada go !!!!!!!!!!

LE PROBLÈME

La question Français-Anglais est-elle un si gros problème? Cela fait des centaines d'années que l'on a ce problème et personne dans le cercle politique n'a de réponse. Toutes les personnes concernées semblent tourner et retourner leurs observations pour profiter de leurs conclusions.

Jour après jour, mois après mois et année après année, les antagonistes s'accusent l'un l'autre de trahison et manque de compréhension. La personne ordinaire de la rue, pas intéressée par la chicane, prend position sur le sujet selon ses convictions et pas toujours pour le meilleur de tous. Le problème s'aggrave et devient un fardeau pour ceux qui voudraient qu'il se règle.

Ce problème de langue épuise les fonds publics qui auraient pu être utilisés pour faire avancer le pays et, à la place, le noie dans un antagonisme perpétuel. Il est vraiment temps pour tout le peuple d'arrêter et réfléchir où les politiciens nous conduisent avec ce casse-tête jamais résolu. N'oublions pas que c'est nous, le peuple, qui paiera les conséquences de décisions prises égoïstement. Les politiciens ont toujours une manière de se sortir de situations embarrassantes en les blâmant sur leurs adversaires ou en disparaissant de la vie publique. Au Québec et au Canada, nous avons encouragé des partis politiques qui avaient pour but de briser le pays et encore, après trente ans ils n'ont toujours pas réussi. Permettre que cette situation continue à se développer créera un défaut dans la société Canadienne et toutes les différentes régions du Canada vont éventuellement se retirer du centre du pays et demanderont une liberté politique. Dans un tel cas, la nation se divisera probablement en quatre parties; ex : Québec, Ontario, l'est et l'ouest Canadien.

LES POUR ET LES CONTRE

Canada est gâtée avec une abondance de ressources naturelles dans son intégralité, alors, économiquement, chaque portion de pays qui se séparerait pourrait survivre sans l'aide des autres. L'or, l'argent, le lithium et le titane font partie des richesses du Canada. Ces cadeaux de Dieu que nous devrions développer ensemble en tant que pays uni et ne pas laisser prendre par des intérêts étrangers parce que nous sommes un pays divisé. La croûte du pays est riche en minéraux de tout genre et origine et, avec la technologie avancée de nos jours, les méthodes de découverte et d'extraction étant d'un rendement efficace, par le fait même, nous font faire de bons profits sur les investissements. Nous devons questionner nos manières conservatrices et mettre plus de nos épargnes dans les besoins du pays pour de nouveaux développement prospères. Prendre cette route nous établira comme « Maître » chez nous et nous en récolterons la richesse et non les étrangers.

De plus, le Canada a également la forêt qui est une richesse, toutefois cette commodité est cyclique et nous a causé beaucoup d'épreuves ces dernières années relativement à la crise économique aux États-Unis. Encore une fois, la nation devrait trouver des manières d'améliorer la stabilité de ce secteur en créant de nouveaux produits qui nous aideraient à prospérer continuellement sans baisses désastreuses comme présentement.

Des étapes ont été prises pour réduire considérablement notre dépendance à vendre nos produits aux États. Les États-Unis, quand la valeur de leur dollar est supérieure au notre, sont avantagés et achètent nos produits aux prix les plus bas, par le fait même conservent leur propre forêt. Notre industrie forestière nous est très importante et nous devrions faire un effort afin qu'elle demeure toujours en santé. Beaucoup de gagne-pain sont touchés par le degré de succès de ce secteur d'économie. Génération après génération ont travaillé dans nos forêts afin de pouvoir mettre à manger sur leur table chaque jour. Les emplois qu'ils détiennent lorsque ce secteur va bien, leur permet des salaires afin de vivre confortablement.

Finalement, Canada est riche en pétrole avec les sables bitumineux dans l'ouest et Hibernia dans l'est. D'autres découvertes comme le dépôt aux Iles de la Madeleine qui lui-même contient une grosse quantité de pétrole qui nous permettrait d'être indépendants. Nous pouvons également approvisionner notre voisin du sud sans affecter nos propres besoins. Des routes ont déjà été proposées pour apporter le pétrole de l'ouest à nos clients aux E.U. et en Asie. La route des E.U., est en arrêt dû à la possibilité d'un déversement majeur dans des forêts vierges. Une décision a été reportée après les élections Américaines, par le fait même annulant ce sujet comme argument pour les partis politiques américains. La route pour faire parvenir le pétrole en Asie est en étude et est examinée pour les éventuels désastres d'un déversement. Nous avons beaucoup de pétrole et les pays comme la Chine et l'Inde qui se développement très rapidement nous ont déjà informés qu'ils seraient intéressés à en devenir des consommateurs.

Toutes ces ressources naturelles sont nôtres. Toutefois : nous devons être un Canada uni avec des attaches amicales entre les provinces et une relation harmonieuse avec le gouvernement central à Ottawa. La seule manière pour nous de grandir et être prospères est en roulant nos manches et former une grande famille dans notre pays pour faire avancer nos connaissances et la détermination de développer de nouveaux marchés. Tout est là, en place, pour nous permettre de finaliser ce grand but. Nous devons enterrer la hache de guerre avant de détruire tout ce dont l'on croyait et avons travaillé pour atteindre. Nous ne pouvons laisser le chemin de la « séparation » entre nous, nous privant d'un riche futur éventuel. Devenons ouvert d'esprit comme les Européens qui se sont établis ici au Québec et sont devenu trilingue. Aucune de ces personnes n'a sacrifiée son origine tel que les Polonais, les Ukrainiens, les Allemands, mais de surplus a appris le français et l'anglais.

ETAPES A FRANCHIR

Bien que le Canada a tout pour lui permettre d'être un meneur mondial dans tous les sens, il y a une issue qui ne s'efface jamais et continue d'être une épine dans ses flans et c'est la différence de langage. Les deux langues de base (après Les Premières Nations) n'ont jamais été capable d'atteindre un respect commun. Depuis que les explorateurs français et anglais ont mis le pied sur ce pays appelé Canada, ces deux peuples se sont toujours disputés des droits de territoire et souveraineté et ce comportement anormal les a empêché de former une fédération forte et de longue durée.

Quand les Anglais sont sortis vainqueurs sur les Plaines d'Abraham, on pensait que peut-être, finalement, tout était fini, mais non, les français avaient décidé de se relever et se battre pour leurs droits. Ils demandèrent la protection de la langue française dans la province de Québec, laquelle se faisait assimiler par la langue anglaise. Et la preuve était que de plus en plus d'enfants français s'enrôlaient dans les écoles Anglaises. Ce changement n'a pas laissé de choix au gouvernement Québécois et c'est ainsi que naquit la Loi 101. Avec cette Loi 101, les parents de langue française ne pouvaient plus envoyer leurs enfants à l'école anglaise, alors que les parents de langue anglaise avaient le droit de choisir. La mise en force de cette loi a peut-être empêché le parler français de diminuer, mais, elle a empêché les enfants de langue française d'apprendre l'anglais, outil nécessaire pour quiconque veut réussir en Amérique du Nord et dans la planète au complet, l'anglais étant la langue universelle du commerce.

De plus, l'adoption de la Loi 101 a probablement eu un effet négatif sur les populations minoritaires françaises des autres provinces. Avec le libre commerce, n'importe qui pouvait changer de province mais n'ayant aucun anglais, les Québécois demeuraient au Québec car parler les deux langues était un pré-requis pour se faire engager et travailler. Nous avons des pas de géants à prendre pour régler ces différences qui causent des tensions entre ces deux cultures si importantes pour le Pays pour arriver à nos plus hautes possibilités. Nous devons toujours nous souvenir de cela quand Québec négocie une dispute de langage avec le gouvernement Fédéral, mais nous ne pouvons pas toujours lui accorder ce qu'il demande.

Autrefois, Québec étant une société prédominante Catholique, chaque famille était obligée d'avoir des enfants presque toutes les années par l'église qui voulait dominer la masse. Éventuellement, cette pratique cessa lorsque la population Française plus éduquée réalisa le but de l'Église. Aujourd'hui, le peuple admet adhérer à la religion Catholique, mais peu la pratique, causant par le fait même la fermeture de plusieurs églises à travers la province. Également, le manque de prêtres car il n'y a pas de relève dans les séminaires. Le futur n'est pas trop beau pour l'Église et peut-être nécessiterait de gros changements de la part du Vatican. Le Vatican doit améliorer les normes de l'Église avec les mentalités d'aujourd'hui, lesquelles sont très différentes des vieux enseignements.

Le Canada ne peut plus se permettre de ne pas regarder le problème de face et définitivement doit rediriger les différences de langage avant qu'un autre parti s'investisse et crée une majorité. Réalisez-vous que la langue la plus parlée à Toronto n'est plus l'anglais, mais ce n'est pas le Français également? Les deux langues officielles sont en minorité et qui doit prendre le blâme? La solution, en excluant les politiciens, devrait être trouvée par le peuple Canadien. Chaque citoyen doit mettre ses pantalons et se rendre responsable du fait que tous les Canadiens doivent être traités également dans les deux langages et d'un bout du Canada à l'autre. Il y a maintenant, trop de minorités qui entrent dans notre pays et conservent leur langue maternelle sans apprendre l'un ou l'autre de nos langages. Par le fait même, il y a ségrégation et plusieurs communautés deviennent peuplées de personnes usant leur seul langage.

Jusqu'à présent, la majorité, très mince, déteste l'idée d'un pays qui se brise. Nous devons faire quelque chose maintenant et pas quand il sera trop tard. Durant le Référendum de 1995, nous avons eu un exemple spectaculaire, pas vraiment légal, pour sauver le pays. La seule manière d'enterrer les séparatistes est d'offrir aux Français les mêmes droits et ces droits doivent être disponibles dans tout le pays. Réciproquement, Québec doit faire la même chose. La seule chose à faire est examiner les pays d'Europe et d'Amérique Latine où les étudiants apprennent jusqu'à trois langages et, dans certains cas, plus. Beaucoup de Canadiens apprennent l'Espagnol pour aller dans le Sud en hiver. Pourquoi ne pouvons-nous avoir la même opportunité d'apprendre les deux langues officielles dans notre propre pays. Le problème ici est que les deux cultures de ce pays sont coupables de l'écart existant entre elles.

La solution de notre problème interne est que l'Anglais et le Français devraient être considérés des sujets obligatoires à l'école et de ce fait, rendant le pays bilingue. Que quiconque regarde autour et remarque les jeunes Européens qui ont émigrés au Canada, nous serions surpris d'apprendre le pourcentage qui est bilingue. Les enfants, très jeunes, pourraient apprendre l'Anglais et le Français très facilement. Plusieurs Européens qui sont arrivés au Québec après la guerre on eu des enfants, des petits-enfants et même des arrières petits-enfants qui lisent, écrivent et parlent les deux langues faisant d'eux de vrais Canadiens. Ils ne sont pas obligés de prendre un côté ou l'autre, car ils sont capables de parler les deux langues, quel avantage.

Plusieurs parents Français désirent que leurs enfants parlent Anglais car il y a de l'Anglais tout autour, mais on les en empêche par des décisions politiques. Toutefois, les politiciens n'hésitent pas à envoyer leurs rejetons dans des écoles hors du Québec pour qu'ils puissent apprendre l'Anglais. Ils ne suivent pas le proverbe populaire qui dit : « ce qui est bon pour l'un est bon pour l'autre ». Le peuple Québécois doit s'imposer et obliger les gouvernements à tous les niveaux, de leur désir d'avoir leurs enfants couramment bilingues à la fin de leurs études secondaires et cela devrait s'appliquer également à la population Anglophone. Présentement, il y a des citoyens Français à Montréal qui n'ont pas de services en Français, ce qui est un sacrilège car Montréal est dans une province de prédominance Française et chacun devrait avoir des services en Français. Ne faisons pas la même erreur et courir la chance de perdre nos droits à l'Anglais dans un Québec séparé.

Protéger la partie Française par la loi ne devrait pas rendre hostile un groupe contre l'autre mais encourager les deux parties à travailler ensemble pour fortifier notre identité Canadienne. Si la grande majorité de Canadiens et Québécois était bilingue, pourriez-vous imaginer l'harmonie qui règnerait. Le legs de John Lennon serait prouvé ici au Canada et peut-être influencerait de gros changements chez nos voisins du sud. La preuve est là que la plupart des immigrants chez nous apprennent au moins une des deux langues officielles et de plus, il y en a plusieurs qui apprennent les deux langues.

Ce n'est pas un rêve impossible de croire que notre nation peut devenir un exemple fantastique pour le reste du monde en prenant les mesures requises pour installer le bilinguisme à travers ce pays, d'une génération à l'autre sans recul. Ce qui est requis est la bonne volonté de tous et chacun pour en faire un défi personnel pour contribuer à l'unité de notre grand pays. Nous avons déjà eu le titre de « Gardiens de la Paix », pourquoi ne pourrions-nous retrouver ce prestige en vivant en harmonie avec notre entourage. Le résultat de notre participation à cette conversion si bien planifiée ne pourrait être que d'un bénéfice énorme aux citoyens du Canada.

Les voteurs de ce pays devraient, dans un temps, obliger par voie de référendum ou rencontres publiques, nos partis politiques à établir cet effort dans leur plate-forme politique et en faire une promesse électorale afin d'être choisi pour gouverner la nation ou la province. L'éducation étant de juridiction provinciale ne devrait pas être une excuse pour ne pas l'implanter. La méthode finale pour finaliser ce but se doit d'être un projet bien documenté qui sera accepté par tout le monde d'un coin de ce pays à l'autre. Quand le peuple a une idée de génie, il ne peut résulter que de suggestions positives mises sur la table s'ils sont convaincus que cela sera fait pour améliorer la réputation du pays.

Nous devons agir maintenant, sans hésiter, si nous ne voulons pas la question de la séparation revienne et soit peut-être couronnée de succès.

Une personne dont les racines sont disons en Pologne, ne sera jamais rien d'autre que Polonais dans son cœur, mais cela ne l'empêchera pas d'être un Québécois loyal et un Canadien de cœur. Créer un Canada bilingue est la solution pour que chaque citoyen soit une partie et un total en même temps. Quiconque dit que c'est une solution impossible, c'est parce qu'il ne croit pas que tout le monde peut être égal.

Le Canada Anglais devrait débuter l'introduction de cette mesure afin de faire étalage de ses intentions et que cet engagement soit un succès. Si toutes les provinces et territoires hors du Québec, étaient d'accord sur cette perception, les Canadiens Français se joindraient à cette proposition réalisable. Débutant dès la première année d'école, les deux langages devraient être enseignés par des enseignants d'expérience et dans le temps de le dire, nous serions en chemin pour créer une nouvelle et compréhensive société. Plus on est jeune plus on apprend les langages facilement. Alors, éduquer les enfants en débutant à la maternelle ne serait pas un fardeau et plus tard, ces mêmes étudiants pourraient vivre avec les deux langages ainsi que leurs enfants. La langue maternelle serait (comme les Européens ont fait) employée à la maison, satisfaisant tout le monde. Il serait plus facile d'obtenir de l'emploi et les employeurs auraient accès à tous les marchés dans le pays, Ne soyons pas dupe, un pas dans cette direction ne sera pas facile à débuter et contrôler à moins que le pays ne réalise qu'il est grand temps d'enterrer la hache de guerre et bâtir le pays pour devenir une nation importante et prospère.

Nous sommes déjà parmi les plus performant dans les secteurs minier et forestier dans le monde. Plusieurs pays nous consultent lorsqu'ils veulent implanter des mines et moulins à scie, reconnaissant par le fait même notre expertise dans ces domaines. Des centaines de nos mineurs et travailleurs de moulins à scie sont employés en Afrique et Amérique Latine. L'expérience est ce que tous recherchent et ils savent que le Canada a ce personnel en grande abondance. Bientôt, avec le prix du métal qui montera en flèche à cause de l'économie de la Chine et l'Inde qui éclate, il y aura un manque de personnel dans le secteur minier. Ce manque de personnel qualifié donnera un avantage à ceux qui sont bilingues afin d'avoir les meilleurs emplois payants.

Dans la région de l'Abitibi au Québec, il est de la croyance populaire qu'il y aura des ouvertures pour mineurs dans les innombrables compagnies qui rechercheront des travailleurs, ce qui créera une demande à l'immigration une fois de plus. La province de Québec devra faire certain que ces nouveaux arrivés ont bien l'intention d'adopter la langue Française pour venir s'établir ici. Ce sera l'occasion pour débuter un nouveau système d'éducation pour encourager ces groupes à devenir bilingue et montrer au reste du Canada que nous désirons participer à un Canada uni mais que notre prédominance Française dans notre province doit être gardée à tout prix.

Les autres provinces et territoires vont bénéficier aussi de tous les projets miniers qui seront mis en production dans un proche futur, dans leurs régions. Tous ces changements économiques verront des travailleurs se mobiliser d'un point à l'autre du Canada. Si la situation linguistique ne nuisait pas, ne serait-ce pas une histoire à succès? Rappelez-vous, la langue ne fait pas la personne, c'est seulement un outil pour communiquer les idées. Cela préservera une culture qui n'est pas en danger d'être assimilée si un autre langage est parlé. Nous devons cesser d'utiliser cela comme raison d'arrêter la mise en place des lois sur le langage plus sévères. La solution est au bout de nos doigts, attendant d'être mise en force et acceptée par tous.

Les sports sont un autre domaine ou des joueurs de plusieurs nationalités forment une équipe et essaient, avec un travail d'équipe, de gagner un trophée. Une fois de plus ce sont les joueurs Européens qui mènent le chemin et apprennent, soit l'Anglais ou le Français afin de pouvoir s'exprimer. Est-ce que cela les séparent de leurs racines? Non, ils admettent que c'est à leur avantage d'étudier le dialogue qu'ils ont besoin afin de mettre leurs idées en perspective. Ceux qui pensent changer un Français au Québec en changeant son langage ne connaissent rien à la culture Canadienne Française. Les Canadiens Français possèdent une « joie de vivre » qui n'existe nulle part au Canada et ils le démontrent dans leur manière de vivre. Les événements sportifs sont une manière pour les Canadiens de se fréquenter mais les Québécois sont trop exigeants et détestent perdre. Le stress, spécialement au hockey, est irrépressible et très difficile mentalement. Le hockey est un sport que plusieurs Canadiens Français ont choisi comme carrière avec succès. Même là, le contexte de la langue est matière à altercation. Dans certaines circonstances quand les parties deviennent physiques, les joueurs Français sont victimes d'insultes verbales. Le plus drôle c'est qu'en général ce sont les participants Anglais qui sont coupables de ces actes déplaisants. Si tous ou la plupart des joueurs étaient bilingues, la tendance vers l'intimidation cesserait. Nous sommes tous Canadiens, travaillons et vivons en harmonie et respect pour les cultures et langages de tous et chacun. Toute autre manière est un signe d'ignorance et haine.

Un sport très pratiqué au Canada Anglais et devenu très populaire au Canada Français est le football universitaire. Depuis quelques années, les équipes des universités Françaises gagnent des titres nationaux créant de la compétition qui n'est que bonne pour la santé et le bien-être de notre pays. Encore mieux, les athlètes Français percent les rangs des clubs de football professionnel au Canada et aux États-Unis, ce que l'on ne voyait pas il y a quelques années. Cela prouve que, quand le vouloir est là, c'est possible. Nous devons appliquer ce proverbe à la situation de notre langage et ramasser tout le positif que cela produirait.

Plusieurs étudiants canadiens, Anglais et Français, se voient offrir des bourses dans les écoles Américaines pour leur habilité en sport, en étant un pays bilingue nous pourrions en avoir plus. Les jeunes étudiants éligibles pour ces bourses n'auraient aucun problème, ils comprendraient l'anglais. Également, les étudiants du Canada et du monde entier, pourraient venir au Québec et étudier un français avancé.

Wow!!!!! C'est excitant. Soyez assuré que si nous y mettons nos efforts, nous pourrons avoir le succès d'être une grosse famille d'un bout à l'autre du pays et nous développer comme personne d'autre. Nous devons bâtir une confiance entre nous et devenir auto-suffisant dans tout ce que nous avons besoin. Nous aurions la vrai richesse qui permettrait à tous nos citoyens de recevoir ce qui leur sont dû. Il n'y a rien de mieux que le travail d'équipe et nous devons travailler à y arriver, ne pas laisser la diversité de langage essayer de nous détruire encore.

Les politiciens nous offrent des choix qui sont à leur avantage afin d'avoir plus de pouvoir et mettre en valeur leur programme et se s'arrêtent pas à penser à ce que cela fera au citoyen qui essaie d'avoir une vie meilleure en payant des taxes équitables pour l'émancipation de cette nation et non pour des idées qui sont régulièrement jetées par la fenêtre. Nous devons, une fois pour toute, pousser les membres du gouvernement, à établir des lois qui concernent le mieux-être de notre société et non servir à élever leurs objectifs politiques. Nous ne devons pas oublier que ce sera nous et personne d'autre qui vivra avec le résultat des décisions prises par ces représentants élus pour améliorer la qualité de vie de tous les citoyens mais qui ne réussissent pas toujours. Il y a un grand besoin pour le public à prendre part aux décisions prises qui affectent la structure première de notre pays. La contribution du peuple pourrait aider à harmoniser notre désir d'être traité également à travers le pays et spécialement dans notre choix d'avoir deux dialogues. Définitivement, nous ne devrions pas nous contenter de moins.

L'industrie du cinéma Québécois et Canadien a fait du chemin et les films produits reçoivent une revue excellente par les cinéphiles. Montréal a une entreprise spectaculaire dans la production d'effets spéciaux et ses services sont fréquemment requis par les compagnies américaines. Personne n'aurait rêvé à un tel exploit il y a quelques temps. Les films français attirent de plus en plus de Québécois et leur traduction, les Canadiens Anglais, plus que jamais. Le besoin maintenant serait que les Canadiens et les Québécois forment un partenariat et mettent leurs ressources ensemble pour devenir aussi bons que les Américains. Ce n'est pas un rêve impossible, et plus facile que nous croyons à obtenir. Joignons nos mains, et nos têtes et démontrons au monde ce dont nous sommes capables. Nous pouvons vendre nos deux cultures ainsi sans avoir à rétrograder l'une ou l'autre.

FAISONS-LE

Nous avons à régler ce problème de langage dès que possible et le plus tôt serait le mieux. Nos enfants et petits-enfants en seront les bénéficiaires dès que ce sera réalisé. Toutes les provinces et les territoires du Canada devraient prendre l'initiative et pousser leurs gouvernements à installer des programmes d'éducation française dès la première année et jusqu'à la fin de l'école secondaire. Les Français, dans la province de Québec vont réaliser que le reste du pays est sérieux et à leur tour vont installer un projet similaire pour enseigner l'anglais à leurs enfants. Ce ne serait pas compliqué à implanter, toutefois, les bénéfices en résultant ne se mesureraient pas. Les droits de la minorité française doivent être protégés dans la province de Québec et la langue du travail serait en Français. Dans les autres parties du Canada, la langue anglaise serait prédominante sauf quand mandaté. A l'exemple de la ville de Hearst, Ontario, où les trois quarts des citoyens sont français. Cette ville n'a pas perdu son héritage français et le dialecte parlé est massivement français. La raison pour laquelle Hearst est demeurée française, est simplement qu'ils voulaient continuer à parler français et ne pas être assimilés par l'anglais.

Le Canada Anglais a la responsabilité de montrer à la minorité française l'importance de garder son identité comme culture qui existe avec une autre culture. Si cette intervention arrivait LE CANADA FRANÇAIS embarquerait et dans ce cas, nous pourrions dire adieu à la séparation. Il y a de la place pour tout le monde dans ce superbe et vaste pays, nous devons effacer les différences et par la suite, la population entière du Canada pourra s'émanciper. Nous n'avons pas à être des otages à Québec pour leur montrer que nous désirons qu'ils fassent partie de ce pays. Si nous démontrons que nous sommes d'accord pour participer à un projet linguistique, la Province acceptera certainement un tel engagement. Les pays Européens ainsi que d'autres offrent plusieurs dialogues dans leur écoles et les enfants apprennent plus de trois langages en plus du leur. Les Canadiens sont aussi intelligents que n'importe quelle autre nation et le Canada est constituée de p plusieurs groupes ethniques en faisant un pays multiculturel.

Après la deuxième guerre mondiale, plusieurs Européens ont immigré dans la région nord-ouest de la province de Québec, pour travailler dans les mines d'or qui avaient des problèmes de recrutement d'employés. L'arrivée de ces immigrants a changé cette partie du pays en une société multilingue. Le français n'étant pas la langue du travail, la hiérarchie anglaise dirigea les enfants de ces étrangers à l'école anglaise. Les français n'avaient pas réalisé, même jusqu'à ce jour, que les immigrants n'avaient pas un mot à dire sur le choix de la langue pour l'éducation de leurs enfants. Il n'y a pas eu grand dommage, la grande majorité de ces jeunes a tout de même fini par apprendre le français et est demeurée dans la région où le changement s'est effectué et la langue du travail a changé pour le français. De plus, la génération suivante a également apprise les deux langages prouvant que, plus tu connais des langages, mieux c'est pour toi.

Un mythe disant que les immigrants envoyaient leurs enfants à l'école anglaise pour vexer les français et les obliger à parler anglais. Une vérité tordue, ceux qui ont décidé de vivre ici ne sont pas contre le langage français, ce langage étant le plus populaire des deux ou autrement ils auraient déménagé comme l'ont fait les Anglais de souche, méprisant le français. Aujourd'hui, encore beaucoup de français pensent que les groupes ethniques votent contre eux en faveur des convictions anglaises. Et ils se trompent car nous votons sur des faits prouvés et non des rêves qui ne son pas réalisables.

Nous, les Québécois, devons donner au reste du Canada l'occasion de montrer leur bonne volonté concernant cette matière. Si nous croyons à nos convictions pour régler cette chicane pour de bon, nous devons être flexible et constituer un accord gagnant-gagnant qui permettra à ce pays de grandir et prospérer selon ses capacités. Si nous attribuons une atmosphère de paix à notre grand pays, nous pourrions atteindre de nouveaux niveaux en collaborant avec chacun pour finaliser différents objectifs. Cela pourrait créer des emplois et de la richesse pour tout le monde, un but à atteindre. Au lieu de continuer à se chamailler sur nos différences, démontrons à nos politiciens que nous désirons une solution finale et permanente qui rendra le Canada bilingue. Seulement lorsque cela arrivera, que tout le monde dans notre pays prendra sa place légitime dans une fédération traitant ses citoyens avec respect et égalité. Nous ne devons à aucun coût, permettre à l'aréna politique d'utiliser ce problème pour arriver à leurs fins. Si nous nous relions ensemble et obligeons les différents paliers gouvernementaux ayant autorité sur ce sujet, nous serons gagnants.

Un accord unanime est nécessaire pour qu'une telle entreprise devienne réalité. Toutefois, si le Canada Anglais ne veut pas coopérer, la seule autre solution serait la séparation du Québec. Nous ne pouvons pas continuer à mettre de l'argent dans ce domaine sans en arriver à une solution. Les canadiens en ont marre avec ce sujet qui revient toujours nous hanter. Soit nous formons une grande famille et nous nous assoyons à la même table ou nous nous divisons et allons chacun de notre côté.

Les Québécois sont inquiets d'être assimilés dû à leur passé où on les obligeaient à parler Anglais dans les places publiques dans une province peuplée de descendants français. Dans une démocratie moderne, un tel obstacle semble ridicule et sans sens. La culture française surpasse l'anglaise dans les termes d'ouverture et amour de la vie. Un regard dans les villes frontalières pour réaliser que le « train de vie » est beaucoup plus expressif du côté français. Personne ne se plaint de ce phénomène car c'est accepté par tous. Les femmes françaises, sans offenser les autres, sont mieux habillées que les Anglaises, ceci n'est pas un secret. Les français ne sont pas supérieurs aux anglais, mais toutefois, leur manière de vivre est différente.

Si le Canada devenait bilingue, présentement c'est une société multiculturelle, les citoyens seraient beaucoup plus sociaux entre eux, et débuteraient une vraie culture Canadienne qui serait adhérée par tous. Ce grand pas conduirait à l'unité nationale et une fierté d'être Canadien Français ou Anglais. Les groupes ethniques pourraient préserver leur culture originale à la maison et faire partie de cette entité Canadienne moderne. Dans ce sens, les politiques des deux nations fondatrices deviendraient les dialectes principaux d'un bout à l'autre du Canada, mais seraient mis en valeur par les traditions apportées par les autres peuples

Nous ne pouvons empêcher ce pays de continuer d'être multiculturel vu le besoin d'augmenter la main d'œuvre dans les régions où sont extrait les ressources naturelles en grande demande par les pays comme la Chine et l'Inde. Toutefois, l'augmentation de notre population dans ces endroits nous démontre la réalité que plusieurs de ces nouveaux citoyens ne parleront ni le Français ni l'anglais. Alors, pourquoi ne pas débuter maintenant dans nos écoles, un programme linguistique qui rencontrerait les demandes mises en place par un accord entre les provinces et les territoires. Il n'y a aucune raison pour que quelque partie du Canada refuse une telle proposition, cela étant un pas de géant pour l'unification de notre grand pays, Canada. Les groupes minoritaires de la planète entière formeront une majorité, si ce n'est pas déjà le cas, et en imposant un programme de langues aux immigrants, nous pourrions renforcir les deux langages fondateurs sans problème. Les nouveaux arrivants n'ont pas à délaisser leur propre héritage qu'ils pourraient reconnaître entre eux, mais auront l'exigence d'apprendre les deux dialectes, soit le Français et l'Anglais.

Le programme linguistique serait un des critères pour être admis dans ce pays comme immigrant. Ceux qui émigrent dans d'autres pays n'ont pas le choix que d'apprendre la langue de ce pays. Le choix du dialecte ne leur est pas donné. Alors, même si nous croyons fermement être une société démocratique, nous devons voir à ce que ceux qui veulent vivre ici apprennent les deux langues officielles.

Et voila! Bâtissons une société honnête, concrète et acceptable pour rejoindre le monde faisant déjà partie de ce pays vraiment libre et ceux qui voudraient en faire partie. Nous pouvons faire de ce pays un pays habité par des humains qui ont l'esprit ouvert regardant les disputes linguistiques et adoptant une formule pour le futur qui sera acceptable par tous sans exception. Vivre ici, dans n'importe quelle région, serait avantageux, économiquement et socialement dû à une existence harmonieuse et paisible. Le rêve de la majorité des canadiens deviendrait finalement une réalité, ce qui semblait être impossible. Tout est possible si le vouloir d'implanter des changements radicaux pour le bénéfice de tous est présent. Nous ne devons pas laisser la possibilité à ceux qui veulent détruire l'unité de ce pays d'aller d'avant et mettre fin à toutes nos croyances. Tous ceux qui ont pris position disant que les français et les anglais ne sont pas compatibles sont des prophètes de malheur qui aimeraient imposer leur propre idéologie sur le peuple.

Dans ces temps modernes, le peuple est de plus en plus éduqué et est venu à la conclusion que les politiciens ne croient pas nécessairement aux politiques de leur partie mais les adoptent pour se faire élire. Il faudrait que la population mette de l'avant des exigences qui seraient acceptables des lois, qui s'appliqueront au choix de la majorité des électeurs.

Les plates-formes politiques doivent représenter la volonté du peuple ou autrement il n'y a aucun but d'avoir des élections. Aujourd'hui, le pourcentage de la population qui exerce son droit de vote dévoile ce que le monde pense de leurs politiciens, une grande farce. Il est dit que les différents partis politiques ont comme but de faire connaître leurs points sans, la plupart du temps, donner suite à leurs promesses faites durant la campagne électorale.

Si nous voulons que ce pays continue de grandir et devienne prospère, nous devons, comme collectivité, nous organiser pour informer nos politiciens que nous déciderons ce qui est le mieux pour nous comme société et que nous n'endurerons plus le gaspillage de nos dollars sur des matières frivoles concernant les partis politiques. Quand cela deviendra réalité, le peuple recommencera à voter en masse car les questionnements nous touchent tous. Il est plus que temps, que le Canada devienne le pays du peuple et les représentants du peuple soient honnêtes et intègres. Ce comportement projettera le Canada à des hauteurs incroyables, où il devrait être.

Aujourd'hui, il n'y a pas de menace de séparation pour le Canada mais nous savons que les choses changent très vite dans cette image globale devenue très transparente avec l'arrivée des médias sociaux. Le monde émigre vers d'autres pays pour gagner leur vie et le Canada ne fait pas exception. Si nous ne devenons pas plus fort, au point de vue de la langue et autres, nous nous réveillerons un jour pour réaliser que nous ne sommes plus « Maître chez Soi". De nouveaux immigrants arrivent au Canada, année après année, demandant de garder leur culture et traditions ce qui met une tension sur le peuple Canadien. C'est pour cette raison que nous devons introduire des lois pour que les enfants de ces nouveaux venus apprennent les deux langues officielles par le fait même protégeant notre statut bilingue. Dans ce contexte, Canada peut seulement en bénéficier et demeurer fort et prospère.

Tout le monde connaît l'expression « LE REVE AMERICAIN », maintenant, les Canadiens pourraient créer « Le rêve Canadien » en montrant leur vouloir d'unir ce pays une fois pour toute et garantir son futur. Le « Rêve Canadien » est à notre portée si tous croient en la liberté et l'égalité. Ceci serait la mort des référendums linguistiques et la naissance d'une longue coexistence entre les populations anglaise et française du Canada.

Dans un Canada de l'avenir, les emplois seraient facilement accessible par tous, tous les services seraient disponibles dans une ou l'autre ou les deux langues officielles, et la grande perspective d'avancer le pays économiquement et socialement serait grandiose. Maintenant le temps est venu de prendre ce pas en avant et propulser notre Canada vers des buts communs acceptés de tous. Faisons-le!!!!

Pouvez-vous vous imaginer un tel changement? Les deux langues officielles seraient pratiquées à travers ce pays sans froisser personne qui ne comprend pas. L'atmosphère s'améliorerait jusqu'au point de nous rendre fier d'être Canadien. En ce moment, il y a du monde dans la province de Québec qui ne se lève même pas pour l'hymne national. Ceci peut être disgracieux pour plusieurs canadiens mais pour celui qui choisit de ne pas faire ce geste, c'est un protêt contre le gouvernement fédéral. Il faut être québécois pour comprendre ce qui se passe. Trop d'individus hors Québec ne comprennent pas ce que c'est d'être résident de la province de Québec et se convertiraient s'ils pouvaient goûter la « Joie de vivre des Québécois ». Il ne faut pas oublier le progrès effectué par Québec à travers les années concernant le talent musical ainsi que le progrès fait dans l'industrie cinématographique. Mois après mois, les producteurs de films québécois produisent des films qui sont cotés plus haut que jamais par les Québécois et partout au Canada. Ceci est un engagement positif qui ne peut qu'améliorer l'unité du pays.

Québec, étant la seule province française au Canada, doit être rassurée de la possibilité que son projet de bilinguisme soit accepté, doit connaître son peuple et d'où viennent ses racines. Seulement avec cette certitude la province irait d'avant avec ce projet. De plus, ce pas important doit aussi s'appliquer aux autres provinces et territoires. Le respect des autres origines et croyances auraient pour effet l'harmonisation entre tous ceux qui sont concernés. Nous sommes actuellement tous des immigrants qui s'associent aux autres continents tel que l'Europe, l'Asie etc . . . Garder les traditions venant de ces pays lointains est très acceptable car cela permet à nos citoyens d'apprendre différentes manières de vivre. Toutefois, nous ne devons pas imposer ces traditions à nos concitoyens car nous sommes maintenant Canadiens et devons promouvoir notre manière de vivre Canadienne. Cette manière de vivre Canadienne a permis à plusieurs Européens de refaire leur vie en élevant leur famille et continuant leur arbre généalogique. Un grand nombre de ces immigrants sont venus travailler dans les mines d'or ou sont devenus des fermiers. La preuve est que plusieurs d'entre eux se sont dirigés vers le nord-ouest du Québec et le nord de l'Ontario pour travailler dans les mines d'or. Dans l'ouest, un grand nombre d'Européens ont choisi de vivre de la terre. Dans le nord-ouest Québécois, plusieurs enfants d'immigrants se sont mariés avec des conjoints Québécois français et ont créé de nouvelles générations d'enfants bilingues. Cette jeunesse n'est pas affectée par la « question séparatiste » car elle change de dialogue instantanément. Le Canada se trouve dans un boom minier et ceci obligera le gouvernement à augmenter l'immigration pour combler la demande d'emplois disponibles. En agissant dans les plus brefs délais pour implanter cette action, nous récolterons des bénéfices immédiat.

Notre pays a le potentiel d'une croissance massive et avec sa grande superficie peut offrir de l'espace pour beaucoup de nouveaux arrivés qui pourraient s'installer près de nouveaux développements et se faire une vie pour eux et leur famille dans un pays traitant son monde également. Cet événement pourrait être une situation gagnante gagnante aidant le pays à s'enrichir pour plusieurs années à venir.

Plusieurs travailleurs forestiers ont accepté du travail dans les mines car l'industrie forestière est à son plus bas niveau depuis plusieurs années et ne garantie pas une stabilité dans un avenir rapproché. Cette situation a causé une perte substantielle d'employés dans le domaine de la foresterie, mais rebondira éventuellement avec des conséquences. Ceux qui ont perdu leur emploi dans le passé ne voudront pas y retourner de peur de subir une autre baisse dans l'industrie. Encore une fois, le pays se verra obligé de faire venir des travailleurs hors pays pour combler les ouvertures. Ceci est un autre exemple que si nous avons en place le bilinguisme, nous serons en position d'intégrer facilement ces immigrants dans notre société.

Les séparatistes de la province de Québec augmentent leur poussée dans le but de gagner la prochaine élection et réussiront probablement dû à la popularité négative du premier ministre en place. Ils réalisent probablement que leur message doit être transmis dans les plus brefs délais pour atteindre la séparation dû au désenchantement avec le gouvernement du jour. La partie gouvernante, les Libéraux, ont passé de la législation très impopulaire versus les étudiants et le public en général, ce qui pourrait leur coûter les prochaines élections. Le temps est le facteur prioritaire et les supporteurs d'un Canada uni devront se mettre en branle afin de convaincre les Québécois que leur langue et leur culture peuvent prospérer autant que les autres langues et cultures de ce grand pays. Le gouvernement central de ce pays perd également l'intérêt du Québécois et l'avertissement aux Fédéraux est très évident dans les sondages publics. Le peuple Canadien doit s'impliquer à faire savoir à ses représentants politiques que des actions doivent être prises pour contrer les mesures prises par « le Parti Québécois » qui caresse l'idée de la séparation car le temps est propice. Si nous laissons gagner ce groupe, nous serons tous désolés dans l'avenir en voyant notre pays courir à sa perte. Sincèrement, personne ne veut voir un Canada divisé mais les agitations mondiales pourraient pousser le Québec à prendre des mesures pour sortir de la Fédération, sans savoir les conséquences futures.

Un Québec séparé serait un désastre pour le pays et les capitaux traverseraient ses frontières car les Québécois ne réalisent pas les conséquence d'un tel choix. Les séparatistes prêchent leur plate-forme pour montrer au Canada Anglais qu'ils ne seront pas assimilés mais aucun de leurs membres pourrait prédire les conséquences d'une telle décision vitale. Tout le monde au Canada sait que Québec s'identifie comme étant différent du reste du pays. Par contre, si nous devions comparer toutes les régions du Canada nous aurions la surprise de voir combien d'elles ne sont pas des copies carbones. Le seul obstacle majeur entre le Québec et le Canada, comme nous le savons, est la langue. Le gouvernement fédéral, il y a quelques années, déclara Québec une Nation, ce qui en soit est vrai. Cela fut le premier pas pour conserver le Canada uni. Le temps est venu de créer un pays bilingue et l'amener à des hauteurs économiques et sociales, dont personne ne pourrait rêver. Là et là seulement, nous aurons la paix et l'harmonie mais également l'égalité que nous, comme collectivité croyons essentielle pour que tous se sentent vraiment chez eux. Autrement, si Québec se séparait, il y aura de l'instabilité pour plusieurs années, et pouvez-vous vous imaginer les litiges légaux en relation de quoi appartient à qui. Mon Dieu, les énormes sommes d'argent dépensées dans le système judiciaire pour régler ces litiges seraient dévastatrices.

Les impacts d'une séparation auraient pour effet de mettre à l'écart des familles dont les membres seraient en désaccord. Père versus fils, frères versus frères, frères versus sœurs, etc . . . . sont seulement quelques uns des résultats d'une telle situation. Le Québec serait entouré par le reste du Canada et serait obligé de faire affaires en Anglais ce qui serait un autre coup à la barrière de la langue. Faire de ce pays un pays bilingue serait la solution la plus facile et sans fin. Aujourd'hui on voyage beaucoup plus et on s'expose aux différents dialogues mondiaux. Les langues Anglaise et Française sont deux dialectes populaires à travers le monde. Combien de Québécois déclarent « J'aimerais donc parler l'anglais!» Un grand nombre d'eux s'empêchent de voyager dans des pays de langue anglaise de peur de ne pas être compris. Il y a plus de Canadiens Français qu'on pense qui aimeraient parler l'anglais ainsi que leurs enfants. Pourquoi le parti séparatiste ne pose-t'il pas cette question dans un référendum, simplement car il sait la réponse. Peu-être beaucoup de personnes ne le savent pas, mais les politiciens les hypnotisent et le parti ayant le plus de succès en sort gagnant. Nous avons en ce moment de jeunes politiciens qui pourraient travailler ce projet et avoir du succès à l'implanter. Présentement, nous avons un jeune politicien, fils d'un ancien premier-ministre du Canada parfaitement bilingue, très populaire publiquement, en la personne de Justin Trudeau. Le fait qu'il est un jeune Québécois hautement éduqué ayant des racines ailleurs dans le pays fait de lui un candidat idéal pour comprendre ce qui doit être fait pour se défaire de cette maladie linguistique. Il est un membre du parlement Canadien et très populaire dans les sondages publics. De plus, les reportages des médias confirment que le parti Libéral avec lui comme chef aurait du succès dans la province de Québec. Nous, les Canadiens, devrions saisir cette occasion pour dévoiler ce programme et mettre à l'épreuve le vouloir de l'électorat d'accepter cette solution. Justin Trudeau adhérerait certainement à ce plan si la demande venait du peuple. Si élu premier-ministre, il pourrait présenter le programme et s'il est accepté, il pourrait mettre en place toutes les mesures nécessaires pour que le Canada devienne bilingue.

Par contre, ce n'est pas une solution d'un soir mais sera la meilleure solution d'une génération à l'autre. Les Québécois auront la possibilité de voyager à travers le Canada sans avoir besoin d'un traducteur et c'est réciproque pour les Canadiens voyageant au Québec. Plus de chamailleries, ni de caprices associés avec la mésentente. Année après année, nous verrons comment les enfants inter changent et socialisent entre les écoles. Ceci peut se faire définitivement, si tout le monde qui aime ce pays participe, et prend les mesures nécessaires pour arriver à cette fin. Cette solution linguistique doit être la méthode choisie pour régler le dilemme et est l'action la plus simple à prendre pour résoudre une fois pour toute, les différences tourmentant les Canadiens depuis aussi longtemps que l'on peut s'en rappeler. Fierté et joie se doivent de remplacer la haine et les affrontements entre Québec et le reste du Canada. Ces qualités feront monter nos espoirs et aspirations par le fait même élevant nos espoirs et désirs en nous encourageant à avancer à des hauteurs jamais connues dans ce pays. Nous savons tous que le travail d'équipe a toujours surpassé l'individualisme et le résultant est plus enrichissant. Quand ceci aboutira, là et seulement là, pourrons-nous célébrer la naissance du Canada dans la vraie définition du mot.

Dans un nouveau Canada, les Québécois continueront de célébrer la fête de Saint-Jean-Baptiste pour honorer leur saint patron mais les festivités prendront un nouveau regard car il ne sera plus nécessaire d'employer cette fête pour protester contre le reste du Canada. Et la semaine suivante, tout le Canada incluant le Québec, pourrait se regrouper dans les villes et villages et exprimer leur joie de vivre dans un pays qui serait l'envie du monde entier. La solution linguistique pourrait, vraiment, changer la façon de vivre des Canadiens mais le changement serait à l'avantage de tous. Tous les argents alloués pour des référendums et publicités dans les deux camps, auraient pu être utilisés pour mieux éduquer les enfants et rendre la vie plus facile pour nos aînés. Nous devons réaliser qu'un grand nombre de nos aînés a des problèmes à joindre les deux bouts et sont catalogués comme vivants sous le seuil de la pauvreté. Présentement, c'est péché de ne pas être capable de remercier nos aînés qui ont aidés à bâtir cette nation forte et libre.

Économiquement, les investisseurs reviendraient au Québec sachant que la solution linguistique apportera la stabilité dans tous les secteurs d'activité. Cette richesse rendrait possible la création d'emplois permettant au pays de continuer à grandir et prospérer. Du au fait que le problème linguistique serait acheminé vers les livres d'histoire, les provinces et territoires pourraient travailler main dans la main pour développer des projets qui augmenteraient les revenus de l'État par le fait même réduire notre dette nationale qui a atteint un sommet incroyable. De plus, avec des ouvertures abondantes de postes nous pourrions réduire l'assurance emploi et le bien-être social. Les personnes motivées ont tendance de vouloir faire partie de la solution et non du problème. Dans le passé, nous avions des provinces qui ne se suffisaient pas et dépendaient du gouvernement fédéral pour leur existence. Toutefois, ces provinces ont découvert du pétrole dans leur proximité et n'ont plus besoin d'aide fédéral. Le point le plus important, économiquement, est que nous bénéficions de nos ressources naturelles et gardons ces richesses ici au Canada, ne permettant pas aux étrangers de prendre ce qui est à nous. Suite à ce choix, les jeunes demeureraient dans leurs régions après leur éducation car l'économie étant en force, il y aurait un nombre suffisant d'emplois.

Le monde artistique, spécialement au Québec, pourrait en bénéficier car les ventes augmenteraient dans le domaine de la musique française. Les artistes Canadiens Français sont excellents dans leur profession et toutes sortes de musique. Céline Dion en est le meilleur exemple car elle a capturé l'intérêt du monde entier. Elle a débuté sa carrière au Québec mais en devenant de plus en plus populaire elle s'est tournée vers l'anglais et devenue une super star chez elle et ailleurs. Plusieurs autres canadiens français pourraient suivre le même chemin ayant le talent nécessaire pour réussir. Les humoristes Québécois sont parmi les meilleurs au monde. Ils performent dans un style purement Québécois et hilarant. De plus ce serait l'occasion de vendre la culture Canadienne Française, laquelle est des plus intéressante. La solution linguistique ne serait qu'un plus pour les arts et permettrait aux deux cultures de s'exprimer sans préjudice. L'échange de cultures aiderait sûrement les deux parties à mieux se connaître et se comprendre ce qui est normal pour des concitoyens vivant dans le même pays. Un des dix Commandements dit : « Aime ton prochain comme tu t'aimes toi-même » ce qui est plein de sens quand on en connaît la signification. L'amitié doit exister pour donner à une personne une sécurité et la connaissance que lui ou elle fait partie de la communauté. On se fie à nos amis quand nous avons des besoins et nous offrons notre aide aux autres qui en ont besoin créant par le fait même un lien fructueux et de longue durée. Sans cette caractéristique, nous chercherions un sens à notre vie. Les organisations dont nous faisons partie nous donnent l'opportunité de participer à la vie environnante et contribuent à l'émancipation de tous. Plus nous avons d'amis, est la bonne attitude à prendre en faisant affaires à nos égaux, il est très agréable d'avoir la capacité de converser avec de telles personnes en discutant d'intérêts mutuels. Cela nous aide à améliorer nos connaissances en diverses matières et nous offrent de nouvelles expériences. Pour réaliser nos objectifs dans la vie nous avons besoin d'amis et être acceptés comme bon voisin.

Par le passé, plusieurs de nos premier-ministres étaient de descendance Française et cela n'a pas influencé le vote du Canada Anglais. Si la faction anglaise était vraiment contre les Français, elle n'aurait jamais permis l'élection d'un premier-ministre Français. Donc, ceci est bien la preuve que le Canada Anglais n'a rien contre les Français et adhérerait sans problème à la solution linguistique. Les politiciens ne resassent pas ce sujet par peur des conséquences de leurs décisions en ne sachant pas ce qui plaît aux électeurs. Le politicien qui engagera son parti dans la solution linguistique aura définitivement une place dans les livres d'histoire. Toutefois, c'est un pas simple à prendre si on croit que c'est la manière d'unifier le pays et résoudre le contexte linguistique qui ronge la patience du peuple Canadien. Nous n'avons rien à perdre en essayant! Ce serait un pas dans la bonne direction qui pourrait ou saurait être acceptable par toutes les personnes concernées. Soyons réalistes, rien n'a été fait pour calmer cette pression journalière, espérant qu'elle s'en ira mais avant qu'on le sache, elle est revenue et nous réalisons qu'elle est toujours là et rien n'est fait pour qu'elle disparaisse. Nous devons forcer les mains de nos représentants tant à Ottawa que dans les autres provinces de consulter les électeurs afin de régler cette impasse. Les canadiens devraient exiger un référendum afin de vérifier si le pays entier veut donner à ce programme une chance de réussir. Suite au référendum et selon les résultats obtenus, les mesures appropriées devraient être adoptées. Si la majorité a décidé pour la solution, les personnes responsables négocieraient comment l'implanter dans un temps raisonnable. Un comité serait choisi et chaque parti aurait un représentant. Une fois le plan d'action en place, les résultats deviendraient lois, et ce serait le début d'un Canada bilingue.

Toutefois, si le référendum n'obtenait pas les votes nécessaires, dépendant de ceux qui sont responsables de l'échec, nous devrons en tant que collectivité vivre avec les conséquences de notre décision. Franchement, les chances seraient plus en faveur de l'acceptation que du refus dû au fait que le monde a une bonne ouverture d'esprit quant ça vient à apprendre une nouvelle langue. S'il y a un libre choix, nous pouvons gager qu'une grosse partie de la population serait plus que d'accord de voir leurs enfants obtenir leur certificat du secondaire et être habiles à parler, écrire et lire dans les deux langues. Encore une fois, en réussissant ce projet, le Canada pourrait réduire sa dette nationale substantiellement.

Dans un autre contexte, si la majorité Québécoise ou le reste du Canada votait contre cette initiative, la séparation du Québec serait imminente et à grands frais. Les investisseurs transféreraient leurs avoirs dans les autres provinces et sans savoir si c'est un plus ou un moins. La sortie de capitaux serait énorme et personne ne peut prédire les résultats sur l'économie du Québec. La population Québécoise devrait exiger que les séparatistes leur démontrent les résultats de leur action. Si l'économie s'écroule et les pertes d'emplois augmentent de façon significative, que fera le Parti Québec pour y remédier. L'issue de la séparation n'a jamais été expliquée à fond en relation de l'impact que cela aura sur la province car les fanatiques qui y croient ne savent pas eux-même le résultat. Ils essaient, en tant que Nationalistes, de persuader la masse de les suivre aveuglément dans l'inconnu. Ils utilisent la situation linguistique comme raison pour démontrer que le Québec et le Canada ne peuvent pas vivre côte à côte sans être assimilés. Rien n'est plus loin de la vérité que cette pensée car nous ne pouvons pas changer les croyances d'une personne même en étant majoritaire. La langue est un moyen de communication qui ne peut pas disparaître d'un coup de baguette magique. Le Québec a définitivement sa place au Canada, ne doit pas avoir peur d'être assimilé mais a besoin d'être assuré de son droit d'utiliser la langue Française dans la province. Perdre sa culture parce que l'on est une minorité, est un mythe ridicule et n'est pas une raison pour briser un pays. Mais, perdre ses droits linguistiques est une sérieuse inquiétude qui doit être réglée légalement, ce qui serait accepté unanimement en adoptant la situation linguistique. Les Français au Québec doivent se réveiller et réaliser le but du Parti Québécois et ne pas les laisser se séparer du Canada du à leurs sentiments. Si cela arrive, ils mettront en danger leur avenir ainsi que celui des générations futures. La solution linguistique ferait deux gagnants et non deux perdants. Le parti Québécois devrait être obligé d'informer ses concitoyens des mesures intentées pour sortir de la Confédération. De plus, il devra y avoir des preuves légales que ce projet ne détruira pas ce que le peuple de cette province a travaillé si fort pour accomplir. Si nous nous basons sur le présent, le Parti Québécois n'a aucune documentation démontrant ce qui adviendra suite à la séparation. Ils essaient de vendre leur idée uniquement en jouant avec les sentiments du peuple. Cette tactique reviendrait les hanter si la province se séparait et était affectée négativement. Il ne faut pas oublier le credo des politiciens « Faites ce que je dis et non ce que je fais ». Plusieurs membres du Parti Québécois envoient leurs enfants aux écoles anglaises hors province. Essaient-ils d'imiter l'église dans les années 40 et 50 qui contrôlait la masse en l'endoctrinant. Aujourd'hui, la jeunesse étant beaucoup plus instruite, cela sera très difficile.

Il y a plusieurs Québécois Anglais qui choisissent de marier des Québécoises Françaises car elles sont plus ouvertes d'esprit que les Québécoises Anglaises. Ceci est prédominant dans la population de descendance Européenne qui a été élevée dans la province de Québec. Ces mariages, en général, produisent des enfants bilingues à un très jeune âge. Par la suite la génération suivante est bilingue, d'ou la solution linguistique. La réponse est là, très simple et évidente, les enfants à un très jeune âge peuvent apprendre plusieurs langages devenant l'envie de ceux qui n'en parlent qu'un. Pour que le Canada grandisse et devienne prospère plus que jamais, le pays entier doit arriver à un consensus relativement aux changements dans notre manière de communiquer. Nous devons mettre l'emphase sur le fait que les langues Française et Anglaise doivent être les langues du travail, selon le cas, et en faire une loi qui sera respectée par les futures générations. Enfin nous aurons créé l'identité Canadienne dans le vrai sens du mot. Une nouvelle société Canadienne bilingue naîtrait et nous pourrions mettre toutes nos énergies pour améliorer notre économie et en faire l'une des plus riches au monde.

Ces dernières années, la grande majorité des immigrants au Canada sont de descendance asiatique. Ils sont si nombreux qu'ils nous demandent de reconnaître et respecter leur traditions, culturelles et religieuses. C'est un non-sens, mais notre pays leur a permis certains droits et les nouvelles demandes sont hors proportion. Les immigrants Européens sont venus, s'adaptèrent aux manières Canadiennes et ont promu leur culture en bâtissant des salles culturelles pour y pratiquer leurs traditions. Leurs enfants allèrent soit à l'école Anglaise ou Française, pratiquaient la religion de leur choix, et donnaient suite à leurs traditions à la maison. Assez c'est assez, si les nouveaux immigrants veulent nous imposer leurs croyances, à nous de leur dire, dommage nous ne pouvons accepter cela. Ceux qui veulent immigrer au Canada doivent accepter la manière de vivre Canadienne sinon être refusés l'entrée. Si nous permettons des faveurs spéciales à des minorités ethniques, nous finirons par modifier ce que nous voulons à quoi ressemble notre Canada. Nous respectons la charte des droits, et n'empêchons pas les nouveaux venus de pratiquer leurs croyances, toutefois, nous déplorons l'idée d'avoir à les accepter comme ils le veulent. Les Canadiens ne sont ni racistes ni préjudices, mais reconnaissent que s'ils vivaient en Asie, ils seraient obligés de vivre selon les lois Asiatiques. Oui, les immigrants asiatiques sont bienvenus au Canada, mais nous soutenons qu'ils doivent adhérer à nos principes et lois. De cette manière, nous serons tous très fiers d'être « Des Citoyens Canadiens » respectés de la même façon, gouvernés par les mêmes lois et spécialement égaux, ce qui formerait un lien entre les peuples du pays.

CONCLUSION

Le temps est venu d'en finir avec la menace de séparation et faire marche avant dans un pays qui est vaste et libre où le monde veut vivre égal et libre. Nous devrions faire pression sur notre Gouvernement dès maintenant et exiger l'introduction de la Solution Linguistique comme législation dans les plus brefs délais. Le plus tôt que l'on atteindra ce but, le plus tôt nos enfants récolteront les bénéfices de ce projet audacieux qui changera le Canada à tout jamais. Nous ne devons pas ralentir si nous voulons garder le Canada économiquement fort et libre d'expression pour attirer les nouveaux immigrants éduqués qui nous aideront à augmenter nos richesses. Tous les secteurs de notre économie journalière démontreront une activité débordante, et le chômage diminuera dramatiquement. En retour, ceci créera une richesse permettant à tous les citoyens du Canada d'en bénéficier également. Le pays éliminera la pauvreté chez les aînés qui tentent tout simplement joindre les deux bouts présentement. Ces individus ont travaillé toute leur vie pour améliorer notre train de vie et ont droit à une participation égale dans les richesses du pays. Avec la grande variété de ressources naturelles, minéraux, gaz naturel, etc . . . à notre portée, nous pourrions leur offrir une meilleure subsistance que maintenant. Il est temps d'adopter cette mesure car la population Canadienne est de plus en plus vieillissante et ceci augmentera avec les « Baby Boomers » qui se retirent.

La Solution Linguistique n'est pas un pansement pour guérir les différences ancestrales mais un pas de géant pour résoudre les années de chamailleries politiques entre le Gouvernement Central et le Québec. S'il n'y a pas de changement, la population Québécoise donnera au Parti Québécois, l'opportunité de séparation. Dès que cela deviendra réalité, les autres partis du Canada se retireront de la Confédération et nous ne savons pas à quel prix. Est-ce ce que nous voulons? Non, absolument pas, donnons une chance à cette solution et nous en sortirons vainqueurs pour nous-mêmes et les générations à venir. Les Canadiens seront plus fiers que jamais et les étrangers cesseront de nous questionner sur la question de séparation. La partie de notre hymne national « Terre de nos aïeux » s'appliquera à tous ceux qui veulent en faire partie.

Dernièrement, il y a un boom de développement dans le grand nord du Québec et les Libéraux Québécois ont concocté un plan appelé « Plan Nord » dans lequel le gouvernement aiderait les compagnies minières à s'installer. Cela est un investissement bien pensé pour remplir les coffres du Gouvernement dans un avenir rapproché. Nous ne voulons pas que la question de Séparation fasse peur aux éventuels participants dans ce développement. Le développement du Grand Nord exigera une augmentation de la main-d'œuvre comme nous n'en avons jamais vue auparavant. Présentement, les mines comme Raglan (Xtrata), Meadow Banks (Agnico Eagle) et autres ont des difficultés à recruter du personnel qualifié pour combler les postes vacants. Alors, ils seront obligés de recruter hors du pays pour trouver du personnel qualifié. La population totale du Canada augmentera substantiellement et l'augmentation inclura des travailleurs de partout sur la planète. Maintenant, plus que jamais, l'heure est arrivée de souscrire à une Solution Linguistique acceptable pour tout le monde concerné. Si nous voulons que des travailleurs viennent s'installer et vivre leur vie au Canada, nous devons démontrer que nous sommes unis et essayons d'atteindre les mêmes buts. Autrement, ces personnes seront hésitantes à se relocaliser dans un pays ayant des chicanes internes et en désarroi. La réponse est là au bout de nos doigts. Oui, La Solution Linguistique est le chemin le plus sur à prendre pour intéresser d'éventuels candidats à se joindre à notre main-d'œuvre qui augmentera en nombre consistant en immigrants venant des quatre coins du globe. Ils auront le droit d'apprendre les deux langues, Français et Anglais à moins que s'ils en connaissent une alors ils apprendront l'autre. Ils seront considérés comme des égaux et après le lapse de temps requis deviendraient des Canadiens à part entière.

Dans toute cette affaire, il n'y a qu'un hic, les Québécois en majorité, ne croient plus à la Monarchie et c'est leur droit. Ils ne devraient pas être obligés de reconnaître Elizabeth comme leur Reine. De grosses sommes d'argent sont dépensées lors des visites royales et une grande majorité des Canadiens pense que ces argents pourraient être utilisés pour des fins domestiques. C'est déjà assez que le Québec a un Lieutenant Gouverneur représentant la Reine, ce qui devrait être aboli. De plus, le dernier Gouverneur Général du Québec est poursuivi en justice pour des dépenses inappropriées.

La Solution Linguistique ne devrait pas apeuré personne, c'est une simple manière d'éduquer nos enfants ce qui est acceptable par une grande majorité de Canadiens. De plus, les immigrants seraient tenus d'apprendre les deux langues, si nécessaire. La voilà la solution, LA SOLUTION LINGUISTIQUE ou ??????????

EPILOGUE

L'auteur réside toujours dans la province de Québec, a plusieurs amis Anglophone, Francophone et bilingues. Le plus drôle, c'est que les unilingues continuent à dire qu'ils aimeraient parler les deux langues. Les Français au Québec n'ont pas le droit d'inscrire leurs enfants à l'école Anglaise et l'enseignement de l'Anglais dans les écoles françaises laisse à désirer. Le Canada hors Québec offre l'enseignement de la langue Française seulement où la demande existe. L'enseignement de la langue Française dans les écoles anglaises laisse à désirer également. Les citoyens Québécois qui sont instruits en Anglais ont le droit d'envoyer leurs enfants à l'école Anglaise et ce droit est un acquis d'une génération à l'autre.

L'auteur a appris son Français à l'école secondaire car il avait un professeur (Fernand Bourgeault) dévoué à faire des Français de ses étudiants Anglophones. C'était une personne très intéressante qui a su garder l'attention de sa classe. Alors, nous donnons à César ce qui appartient à César, c'est pourquoi le présent écrivain désire dédier son travail à feu M. Bourgeault qui est vraiment responsable du fait d'être devenu bilingue.

Son courage et vouloir faire a modelé plusieurs étudiants anglais à employer la langue française aisément. Une année, il y avait une fille de Toronto qui parlait seulement l'anglais, elle débuta l'école en septembre et n'avait pas la permission de parler l'anglais durant ses cours de Français, ce qui était un péché mortel dans la classe de M. Bourgeault, et oui, avant que l'on sache, elle était capable de converser en Français. Quel grand homme !!!!!

L'auteur a également été inspiré par la chanson de John Lennon « Imagine » qui mentionne qu'il est un rêveur mais pas le seul. Et oui, il était peut-être un rêveur mais il y en a sûrement d'autres dans ce Canada d'opportunités qui voient une vision d'un pays bilingue dans la future génération.

Dieu bénisse Fernand Bourgeault, John Lennon et tout le Canada. Nous avons été mis sur terre égaux et les croyances religieuses démontrent que nous sommes frères et sœurs, alors agissons en conséquence. Ne permettons pas à nos politiciens d'employer le problème de langue pour créer des problèmes entre nous. Nous seront les gagnants si nous nous acceptons pour ce que nous sommes et travaillons ensemble pour régler nos différences.